DOM ANTÔNIO AFONSO DE MIRANDA, SDN
(Bispo Emérito de Taubaté-SP)

O QUE É PRECISO SABER SOBRE A CONFISSÃO

SACRAMENTO DA RECONCILIAÇÃO

Revisão: Ana Lúcia de Castro Leite
Diagramação: Simone A. Ramos de Godoy
Capa: Mauricio Pereira

Edição atualizada a partir da Carta Apostólica de João Paulo II, sob forma de *Motu proprio, Misericordia Dei*, de 7 de abril de 2002

1ª edição: 1983

ISBN 85-7200-831-4

30ª impressão

Todos os direitos reservados à **EDITORA SANTUÁRIO** – 2024

Rua Pe. Claro Monteiro, 342 – 12570-045 – Aparecida-SP
Tel.: 12 3104-2000 – Televendas: 0800 - 0 16 00 04
www.editorasantuario.com.br
vendas@editorasantuario.com.br

APRESENTAÇÃO

"*H*á mais felicidade em dar que em receber", disse Jesus. E parece-me que estas palavras são as molas propulsoras da atividade literária de Dom Antônio Afonso de Miranda. Quanto mais ele reparte seus dons com os outros, tanto mais feliz ele se sente. É isso que explica o aparecimento de mais um livro de sua autoria: *O que é preciso saber sobre a Confissão*. Uma outra coisa que explica a frequência com que têm aparecido seus livros, ultimamente, é o seu grande zelo apostólico. Não se satisfaz apenas com cuidar do seu rebanho e pregar-lhe oralmente a Palavra de Deus. Quer que mais gente possa beneficiar-se do calor da sua palavra. E o livro é um bom veículo para isso.

Este seu livro *O que é preciso saber sobre a Confissão* tem um cunho eminentemente pastoral. Mostra o grande valor do sacramento da Penitência. E ensina, de maneira bem simples, como se confessar bem e com proveito. Se você quiser tirar proveito dessa fonte de riqueza espiritual que o Cristo nos deixou, conheça melhor o sacramento da Penitência ou Confissão, lendo o livrinho *O que é preciso saber sobre a Confissão*.

Pe. Francisco da Costa, C.Ss.R.

SOMOS IGREJA SANTA E PECADORA

*N*o final da Oração Eucarística V, composta para o Congresso Eucarístico de Manaus, reza-se: *"E nós, que agora estamos reunidos e somos povo santo e pecador..."*.

Nós, todos os batizados, somos uma Igreja **santa**. E somos uma Igreja **pecadora**.

Redimidos pelo sangue de Jesus Cristo, filhos de Deus, família de Deus, constituímos aquela "raça eleita, nação santa", de que fala o Apóstolo São Pedro: "Vós sois a raça eleita, o sacerdócio real, a nação santa, o povo de sua particular propriedade..." (1Pd 2,9).

Somos **santos** em Cristo e por causa de Cristo, não por nós mesmos. "Cristo amou a Igreja e por ela se entregou para santificá-la (Ef 5,25-26), unindo-a a si como esposa; a ela que é seu corpo e sua plenitude enche de seus dons divinos e por ela distribui a todos a verdade e a graça".[1]

Mas somos também **pecadores**, por causa do **pecado original** que nos atingiu a todos e por causa dos **pecados atuais** que continuamos cometendo.

---

[1] *Rito da Penitência*, n. 3 (Ed. Paulinas, p. 11).

O pecado original nos foi perdoado pelo batismo, mas suas consequências ficaram em nós: paixões, atrativos maus, fraqueza moral. Por isso "os membros da Igreja estão sujeitos à tentação e, infelizmente, muitas vezes caem em pecado... 'enquanto Cristo, santo, inocente, imaculado' (Hb 7,26), não conheceu o pecado (2Cor 5,21), mas veio para expiar os pecados do povo (cf. Hb 2,17), a Igreja, santa e sempre necessitada de purificação, encerrando pecadores em seu seio, 'busca sem cessar a penitência e a renovação'".[2]

Dizer que somos **pecadores** não quer dizer que estamos condenados. Pois a misericórdia de Deus nos resgatou pelo sangue de Jesus Cristo e podemos ser perdoados sempre que, arrependidos, buscamos o perdão na confissão de nossos pecados.

Diz o apóstolo São João: "Se dissermos que não temos pecado, enganamo-nos a nós mesmos e a verdade não está em nós. Se confessamos nossos pecados, ele é fiel e justo para perdoar os nossos pecados e purificar-nos de toda iniquidade" (1Jo 1,8 e 9).

Porque somos pecadores e, de fato, caímos com frequência em pecados, **a conversão** deve fazer parte de nossa vida de relação com Deus.

A ação pastoral da Igreja, pode-se dizer, destina-se, em última análise, a buscar a **conversão** das pessoas e conceder-lhes o perdão para que se salvem.

---

[2] *Rito da Penitência*, ib.

Ensinou-nos o Papa João Paulo II em sua carta "A Misericórdia de Deus": "A missão confiada por Cristo aos Apóstolos é o anúncio do Reino de Deus e a pregação do Evangelho tendo em vista a conversão (cf. Mc 16,15; Mt 28,18-20). Na tarde do mesmo dia da Ressurreição, quando está iminente o início da missão apostólica, Jesus confere aos Apóstolos, pela força do Espírito Santo, o poder de reconciliar com Deus e com a Igreja os pecadores arrependidos: "Recebei o Espírito Santo. Àqueles a quem perdoardes os pecados, ser-lhes-ão perdoados; àqueles a quem os retiverdes, ser-lhes-ão retidos" (Jo 20,22-23).

Percebe-se que **conversão** e **perdão dos pecados**, e a **reconciliação** devem ser pontos fundamentais e essenciais da vida da Igreja. Por isso, há na Igreja um Sacramento (ato sagrado instituído por Cristo) que, face à **conversão** do pecador, o **perdoa** em nome de Deus e **o reconcilia** com a Igreja. É o Sacramento da **Penitência**. "Aqueles que se aproximam do sacramento da Penitência obtêm da misericórdia divina o perdão da ofensa feita a Deus e, ao mesmo tempo, são reconciliados com a Igreja a qual feriram pecando e a qual colabora para sua conversão com caridade, exemplo e orações" (*LG*, 11, cit. pelo *Catecismo da Igreja Católica*, n. 1422).

Esse sacramento tem outros nomes: da **conversão**, da **confissão**, do **perdão**. Mas parece-nos ser sua denominação mais apropriada a de sacramento da **reconciliação**. "O pecado é antes de tudo uma ofensa a Deus, uma ruptura da comunhão com ele. Ao mesmo tempo é um atentado à comunhão com a Igreja. Por isso, a conversão traz simultaneamente o perdão de Deus e a reconciliação com a Igreja, o que é expresso e realizado liturgicamente pelo sacramento da Penitência e da Reconciliação" (*Catecismo da Igreja Católica*, n. 1440).

MUITAS PESSOAS
NÃO ENTENDEM O PECADO

*T*odos experimentam no íntimo de seu ser a fragilidade, a inclinação para o mal, a capacidade de pecar. E, sobretudo, sentimos que o mundo em que vivemos é um mundo de pecados: injustiças, violências, pornografia, degradação moral, falta de escrúpulo em prejudicar os outros etc.

Entretanto, muitas pessoas não entendem, com exatidão, o **sentido** do pecado. Acham que o pecado é simplesmente o **erro** ou confundem o pecado com o **complexo de culpa**.

Para se entender bem o pecado, é preciso lembrar que Deus fez uma **aliança de amizade com os homens**.

Essa aliança é explícita no ato de Deus ter enviado seu Filho unigênito para se tornar homem e morrer por nós: "Deus amou o mundo a tal ponto que deu seu Filho único, para que todo o que nele crer não morra, mas tenha a vida eterna" (Jo 3,16). A fé em Cristo é a resposta a essa aliança de amor. Resposta que principia no Batismo, reafirma-se na Crisma e é refeita em cada Sacramento. Até o Matrimônio é uma renovação da aliança com Deus.

Assim, os erros que praticamos, desobedecendo às leis do Senhor, não são simplesmente **erros naturais ou éticos**. São **ofensas reais ao amor de Deus**, às quais a teologia chama **pecados.**

O pecado é, pois, rompimento da aliança com Deus, que Ele fez conosco no sangue de Cristo. "Vós éreis outrora estrangeiros e inimigos, pelo pensamento das obras más, mas agora, pela morte, ele vos reconciliou no corpo de carne, para diante dele vos apresentar santos, imaculados e irrepreensíveis..." (Cl 1,21-22).

O pecado é, então, um mistério de iniquidade, muito mais que simples malícia de ordem natural. O pecado deve ser entendido à luz da fé.

Por isso não confunda o pecado com o **complexo de culpa**. Este é apenas sentimento por causa de um erro cometido, que nos rebaixa e humilha. Isso pode originar-se até de erros involuntários, não culpáveis.

O pecado, porém, resulta de uma posição culpável, voluntária, que assumimos conscientemente e que envolve uma ruptura com Deus. É isso o pecado na sua acepção essencial. Nesse sentido, ele é sempre grave.

No pecado grave há que notar:

1º – Uma posição voluntária e culpável contra Deus.

2º – Atos, omissões, pensamentos ou desejos, em que a posição contra Deus se manifesta.

3º – O envolvimento que essa posição contra Deus faz de nosso ser e da comunidade em que vivemos, trazendo repercussões inevitáveis de ordem espiritual.

O pecado tem uma dimensão necessariamente **comunitária**. Apesar de **pessoal**, ele repercute na **comunidade da Igreja**. Além disso, não poucos pecados se prolongam e se encarnam em estruturas sociais. Haja vista as injustiças, a pornografia, a descrença generalizadas.

"Por insondável e gratuito mistério da divina disposição, acham-se os homens de tal modo sobrenaturalmente unidos entre si que o pecado de um prejudica aos outros, como também a santidade de um traz benefícios aos outros", ensinava Paulo VI.[3]

Desse modo, o pecado é um fenômeno, por assim dizer, de consequências incalculáveis, muito sério, que arrasta a sociedade e a própria Igreja dentro da qual o homem vive a fé.

---

[3] Paulo VI, Constituição Apostólica *Indulgentiarum doctrina* (1º de janeiro de 1967), n. 4.

O PECADO E OS PECADOS

*H*á que distinguir "o pecado" como expressa e definitiva recusa de Deus e os outros "pecados", que, sem exprimi-la claramente, entretanto a incluem.

A recusa definitiva de Deus e de sua Aliança é não "um pecado", mas "o pecado". Certamente, o supremo pecado que pode levar o homem à condenação.

Esse pecado seria, quem sabe, a negação consciente da fé, a negação da verdade reconhecida como tal, talvez o que a teologia denominou "pecado contra o Espírito Santo".

Tal pecado é, efetivamente, um pecado **mortal** e **grave**. Mas não é o único pecado, e pode ser que outros existam também **graves** e **mortais** em sua espécie.

"A aceitação da Aliança não torna o homem imune ao pecado. Com efeito, este pode pecar, mas por causa do obscurecimento de sua inteligência e enfraquecimento da vontade, seus pecados nem sempre significam total negação da orientação da vida para Deus e, por isso, não acarretam a terrível ruptura da comunhão com Deus.

Grandes moralistas do passado asseguram ser dificílimo determinar o que é ou não é 'pecado mortal'.

Os atos, então, do homem, tornam-se tanto mais graves quanto mais profundamente atingem a pessoa e a afastam da direção de vida para a qual Deus a chama".[4]

Hoje, há uma mentalidade contra a qual é preciso precaver-se o cristão: a de que **não existe o pecado** ou, se existe, não é nunca **mortal**, vistos nossos condicionamentos psíquicos.

Não se deve ter como pecados graves todas as nossas fraquezas. Mas não se deve também julgar como sem importância tantos erros, infidelidades, injustiças e prevaricações que se cometem conscientemente.

Há um **supremo pecado**, que é a recusa deliberada da Aliança de Deus.

Há **outros pecados**, mais ou menos graves, segundo ferem mais ou menos profundamente nossa Aliança com o Senhor.

Há pecados de **situações** e de **estruturas**.

E há pecados pessoais, quando condescendemos com situações e estruturas pecaminosas.

"Há situações no mundo que se apresentam em total desacordo com a dignidade da pessoa humana e com o plano de Deus, sem que ninguém sinta o grito de uma consciência culpada.

Há situações de injustiça, marginalização, comercialização da pessoa, corrida desenfreada para valores que

---

[4] *Pastoral da Penitência* – Documentos da CNBB, 6. Ed. Paulinas, p. 20.

não satisfazem plenamente os anseios da pessoa humana e até a adoção de contravalores que destroem e tornam os homens insensíveis aos bens maiores: são o pecado que impera no mundo e sufoca a voz da consciência" (cf. Jo 8,21).[5]

É preciso que o cristão forme bem a consciência diante de todos esses pecados. E se posicione contra eles numa atitude de fé e, consequentemente, de **conversão para Deus**.

---

[5] *Pastoral da Penitência* – Documentos da CNBB, 6. Ed. Paulinas, p. 22.

DEUS QUER A NOSSA CONSTANTE CONVERSÃO

*Q*uem lê a Bíblia pode perceber que um dos temas mais insistentes na palavra de Deus é o da conversão. Deus, que fez Aliança com os homens e vê rompida com frequência essa Aliança, "não quer a morte do pecador, mas que ele se converta e viva" (Ez 33,11).

Foi por isso que Deus, no Antigo Testamento, enviou frequentemente profetas para convocar o povo à conversão. Todos os oráculos proféticos são apelos a que o povo se converta.

Esse chamado é pessoal e comunitário. Deus convoca o povo e convoca as pessoas isoladamente.

"Deus chama os homens a entrar em comunhão com ele. Ora, trata-se de homens pecadores. Pecadores de nascença (Sl 51,7): por culpa de seu primeiro pai, o pecado entrou no mundo (Rm 5,12) e desde então habita no mais íntimo de seu 'eu' (Rm 7,20). Pecadores por culpabilidade pessoal, pois cada um deles, 'vendido ao poder do pecado' (Rm 7,14), aceitou voluntariamente esse jugo das paixões pecaminosas (Rm 7,5). A resposta ao chamado de Deus exigirá, portanto, deles, no ponto de partida, uma conversão e depois, durante toda a vida, uma atitude penitente. Por isso a conversão e penitência ocupam um lugar considerável na revelação bíblica".[6]

Essa revelação marca o início do Novo Testamento com a pregação do Precursor e, depois, do próprio Cristo: "Arrependei-vos, e cada um de vós seja batizado em nome de Jesus Cristo para remissão dos vossos pecados" (At 2,38).

E, em todos os tempos, a Igreja pregou a conversão e a penitência dos pecados como essencial à vida dos cristãos. Vida dos indivíduos e da comunidade.

Por isso mesmo, o Sacramento da Penitência ou Confissão é essencial à estrutura eclesial, para o perdão dos pecados, sejam eles graves ou leves.

Ensina o Rito da Penitência: "Assim como é vária e múltipla a ferida do pecado na vida dos indivíduos e da comunidade, assim também é diverso o remédio que nos é proporcionado pela penitência. Pois os que pelo pecado grave se apartam da comunhão com a caridade de Deus e são reconduzidos pelo sacramento da Penitência à vida que haviam perdido. Quanto aos que caem em pecados veniais, sentindo sua fragilidade na vida cotidiana, adquirem forças pela celebração frequente da penitência, para alcançar a plena liberdade dos filhos de Deus".[7]

---

[6] Vocabulário da Teologia Bíblica. Ed. Vozes, 1972; art. Penitência/conversão, p. 750.

[7] *Rito da Penitência*, n. 7. Ed. Paulinas, p. 14.

"NINGUÉM PODE PERDOAR PECADOS, SENÃO DEUS"

Um fato curioso na Sagrada Escritura: os profetas pregavam a conversão e penitência dos pecados, mas nenhum deles perdoou pecados. Só Jesus ousou perdoar pecados por sua própria autoridade.

Um dia levaram-lhe um paralítico para que o curasse. E Jesus disse ao infeliz: "Meu amigo, os teus pecados te são perdoados" (Lc 5,20). Estranharam o proceder de Jesus e disseram: "Quem pode perdoar pecados senão unicamente Deus? (id., 21). Mas Jesus os desafiou e provou, pelo milagre, que tinha o poder de perdoar pecados, mesmo **enquanto homem**. Tanto assim que, "vendo isto, a multidão encheu-se de medo e glorificou a Deus por ter dado tal poder aos homens" (Mt 9,8).

Desse texto evangélico resulta claro que Jesus, não só enquanto Deus, mas também **na sua condição de homem**, podia perdoar pecados.

E se o podia **por sua própria autoridade**, podia também passar esse poder a **outros homens**. E foi o que ele, efetivamente, fez. Depois de ressurgido dos mortos, mostrando seu absoluto poder, ele invocou o Espírito sobre os Apóstolos e disse-lhes: "Como o Pai me enviou, assim também eu vos envio a vós... Recebei o Espírito Santo. Àqueles a quem perdoardes os pecados, ser-lhe-ão perdoados; àqueles a que os retiverdes, ser-lhe-ão retidos (Jo 20,21-24).

Estamos aqui diante de uma investidura solene. Jesus transmite à Igreja personificada nos Apóstolos o **poder de perdoar pecados**.

Negar isso é negar o Evangelho e negar o poder absoluto de Cristo.

Doravante é preciso dizer: "Ninguém pode perdoar pecados senão Deus e aqueles a quem Deus transmite esse poder".

A Igreja, por isso, sempre afirmou o poder que tem de perdoar pecados, reconciliando os homens com Deus. Ela o faz, desde os seus começos, através do Batismo e do Sacramento da Penitência.

"Obedecendo à ordem do Senhor, que lhe dissera: 'Eu te darei as chaves do reino dos céus: tudo o que ligares na terra, será ligado no céu, e tudo o que desligares na terra, será desligado nos céus' (Mt 16,19), Pedro, no dia de Pentecostes, pregou a remissão dos pecados por meio do batismo em nome de Jesus Cristo para remissão dos vossos pecados' (At 2,38). Desde então, a Igreja jamais deixou de convidar os homens à conversão e a manifestarem a vitória de Cristo sobre o pecado pela celebração da penitência'".[8]

---

[8] *Rito da Penitência*, n. 1, id. cit., p. 10.

A *celebração da penitência*, a que alude o texto supra, assume duas formas: a forma ritual *não sacramental,* em que o povo de Deus reunido reza, medita textos penitenciais ou realiza, por exemplo, uma procissão, e pede perdão, reconhecendo-se pecador; e a forma *sacramental,* em que cada fiel, pessoalmente, acusa-se de seus pecados perante o ministro que o perdoa em virtude do poder para isso recebido de Cristo através da Igreja.

É essa segunda forma que se chama propriamente **Sacramento da Penitência** ou **Sacramento da Reconciliação**.

A esse propósito, convém citar aqui a explicação, claríssima por sinal, do *Catecismo da Igreja Católica*, em seu número 1448: "Através das mudanças por que passaram a disciplina e a celebração deste sacramento ao longo dos séculos, podemos discernir sua própria *estrutura fundamental* que consta de dois elementos igualmente essenciais: de um lado, os atos do homem que se converte sob a ação do Espírito Santo, a saber, a contrição, a confissão e a satisfação; do outro lado, a ação de Deus por intermédio da Igreja. A Igreja que, pelo Bispo e seus presbíteros, concede, em nome de Jesus Cristo, o perdão dos pecados e fixa a modalidade de satisfação, ora pelo pecador e faz penitência com ele. Assim o pecador é curado e reintegrado na comunhão eclesial".

Nesse entendimento vê-se que o **Sacramento da Penitência** é "penitência" da parte da pessoa arrependida e disposta a reparar seus pecados, mas é "perdão", "reconciliação", da parte da misericórdia de Deus expressa através da Igreja. Daí que, mais apropriadamente, esse sacramento deve chamar-se **Sacramento da Reconciliação.**

O HOMEM SE ACUSA, DEUS O ESCUSA...

É uma verdade fundamental revelada na Bíblia que Deus chama os homens à penitência para os perdoar. No Antigo Testamento foi desse modo. E os homens confessavam seu pecado assumindo atitudes contritas e penitenciais.

Assim, quando Esdras chamou, em nome de Deus, o povo ao arrependimento (Esd 9), ele mesmo, prostrado diante da casa de Deus, chorava, e o "povo também chorava copiosamente" (Esd 10,1).

E noutra ocasião, no texto de Neemias, os israelitas reuniram-se para um jejum, e muitos "apresentaram-se para confessar seus pecados e as iniquidades de seus pais" (Ne 9,1 e 2).

Do mesmo modo, o rei Ezequias, advertido por Isaías a respeito da morte, voltou-se para o lado da parede e orou e chorou (cf. 2Rs 20, 1 e 2). E o povo de Nínive, à pregação de Jonas, converteu-se, creu e fez penitência, e Deus o perdoou (cf. Jn 3).

No Novo Testamento, à pregação de João Batista, muitos vinham a ele e recebiam o batismo de penitência "confessando os seus pecados" (Mc 1,5). E, quando da pregação de Paulo em Éfeso, diante dos prodígios, "muitos dos que haviam acreditado vinham confessar e declarar suas obras" (At 19,18).

O arrependimento dos pecados se traduz sempre em algum gesto de confissão. Foi assim que a pecadora chorou aos pés de Jesus (Lc 7,38) e foi assim que Pedro também chorou quando Jesus olhou para ele após a tríplice negação (Lc 22,62).

Como é que hoje traduzimos o nosso arrependimento? Pelo ato de humildade com que confessamos ao sacerdote os nossos pecados. Nós nos acusamos, e Deus nos escusa, isto é, Ele nos perdoa.

Esse é o gesto de arrependimento que a Igreja, dispensadora do perdão, encontrou há muitos séculos, e exige, ordinariamente, dos fiéis.

Não foi sempre essa a disciplina penitencial. No começo, a confissão era muito rara e mais severa. Confessavam-se publicamente os pecados de idolatria, homicídio, adultério e roubo, aos quais era imposto longo tempo de penitência, antes da absolvição. Cerca do ano 600, por prática dos monges orientais e irlandeses, introduziu-se a confissão secreta e individual com a imposição de penitências menores. E a Igreja aprovou e definiu essa instituição.[9]

---

[9] Cf. a propósito: *A fé para adultos – O novo Catecismo*. Ed. Herder, p. 528-529.

Mais recentemente, sob Paulo VI, a Igreja estabeleceu que, por forma extraordinária, onde há dificuldade de sacerdotes, os bispos podem autorizar que seja dada a absolvição coletiva em casos específicos e determinados, mesmo assim permanecendo a obrigação de o fiel acusar-se perante o sacerdote, na primeira oportunidade, dos pecados realmente graves.[10]

Entretanto, "a íntegra confissão individual e a absolvição continuam sendo a única forma ordinária de reconciliação dos fiéis com Deus e a Igreja, a não ser que uma impossibilidade física ou moral dispense desta confissão".[11]

A norma é sempre a mesma: "o homem se acusa e Deus o escusa..."

Noutras palavras: "O pecador faz penitência, e Deus o reconcilia através da Igreja".

---

[10] Cf. Sagrada Congregação da Doutrina da Fé, *Normas Pastorais sobre a Absolvição Sacramental concedida de modo geral*, 16/07/1972, n. III – AAS 64 (1972), p. 511.

[11] *Rito da Penitência*, n. 31, Ed. cit., p. 23-24.

NÃO BASTA CONFESSAR-SE, É PRECISO ARREPENDER-SE E REPARAR O MAL

A gente precisa ter muito cuidado em não fazer da confissão uma formalidade apenas: ir ao padre e contar os pecados... e depois continuar a mesma vida de sempre.

Isso não seria confissão. Confessar-se é prática resultante de sincero arrependimento, oriundo de um ato de fé.

Diz o **Rito da Penitência**: "O discípulo de Cristo que, após o pecado, se aproxima, movido pelo Espírito Santo, do Sacramento da Penitência, deve antes de tudo voltar-se para Deus de todo o coração. Esta conversão interior, que compreende a contrição do pecado e o propósito de uma vida nova, expressa-se pela confissão feita à Igreja, pela necessária satisfação e pela mudança de vida. E Deus concede a remissão dos pecados por meio da Igreja, que atua pelo ministério dos Sacerdotes".[12]

Nesse tópico se exprimem, com clareza, os atos essenciais que compõem a confissão. Salientando:

---

[12] *Rito da Penitência*, n. 6, id. cit., p. 12-13.

1º – "Voltar-se para Deus de todo o coração" ou "conversão interior".

2º – "Contrição do pecado".

3º – "Propósito de uma vida nova".

4º – "Confissão feita à Igreja", na pessoa do sacerdote.

Sobre esse ponto, esclarece o Papa João Paulo II no *Motu proprio* "A Misericórdia de Deus": "A fim de que o ministro do sacramento possa realizar o discernimento sobre as disposições dos penitentes para receber ou não a absolvição e para a devida penitência que há de impor, é necessário que o fiel, além da noção das faltas cometidas, da dor dos pecados e do propósito de não tornar a cair, confesse os seus pecados. Neste sentido, o Concílio de Trento declarou que é necessário, 'por direito divino, confessar todos e cada um dos pecados mortais'. A Igreja viu sempre um nexo essencial entre o juízo confiado aos sacerdotes neste sacramento e a necessidade que os penitentes declarem os próprios pecados, salvo nos casos de impossibilidade. Portanto, sendo a confissão completa dos pecados graves, por instituição divina, parte constitutiva do sacramento, ela não está de modo algum confiada à livre disposição dos Pastores (dispensa, interpretação, costumes locais etc.). A competente autoridade eclesiástica especifica unicamente – nas relativas normas disciplinares – os critérios para distinguir a impossibilidade real de confessar os pecados, a de outras situações, cuja impossibilidade é só aparente ou de qualquer modo superável".

5º – "Necessária satisfação e mudança de vida".

6º – "Remissão dos pecados por meio da Igreja", através do ministério dos sacerdotes.

Dentre esses atos, é relevante a contrição dos pecados. Frisa o Rito da Penitência: "Entre os atos do penitente ocupa o primeiro lugar a contrição", ou seja, "a dor da alma e a detestação do pecado cometido, com o propósito de não mais pecar... Desta contrição interior depende a autenticidade da penitência. A conversão deve atingir intimamente o homem para iluminá-lo cada dia com maior intensidade e configurá-lo cada vez mais ao Cristo".[13]

É de salientar-se também a **confissão** e a **satisfação**.

Da **confissão** diz o **Rito da Penitência**: "Do Sacramento da Penitência faz parte a confissão das culpas... a confissão exige do penitente a vontade de abrir seu coração ao ministro de Deus; e da parte deste, um julgamento espiritual pelo qual, agindo em nome de Cristo, pronuncia, em virtude do poder das chaves, a sentença da remissão ou da retenção dos pecados".[14]

E da **satisfação**: "A verdadeira conversão se completa pela satisfação das culpas, pela mudança de vida e pela reparação do dano causado".

Satisfazer pelas culpas quer dizer repará-las dentro do possível. Assim, quem peca contra a justiça deve reparar

---

[13] *Rito da Penitência*, n. 6a, id. cit., p. 13.
[14] *Rito da Penitência*, n. 6b, Ed. cit., p. 13.

a injustiça cometida, quem causa prejuízo a outro deve reparar este prejuízo, quem rouba deve restituir o que roubou, quem difama o próximo deve buscar restituir--lhe a fama.

Como se vê, a confissão não é o ato de simplesmente **contar os pecados ao padre**. Ela envolve **arrependimento, propósito de emenda** e **reparação do mal**.

Como lembra o "Rito da Penitência", "para que este sacramento da salvação produza realmente seus efeitos nos fiéis cristãos, deve lançar raízes em toda a sua vida, impelindo-os a servir com maior fervor a Deus e a seus irmãos".[15]

---

[15] *Rito da Penitência*, n. 7b, Ed. cit. p. 15.

A CONFISSÃO É UMA CELEBRAÇÃO DA DIVINA MISERICÓRDIA

Você talvez ignore isto ou já o esqueceu. Quando você participa do Sacramento da Penitência ou Confissão, você está praticando um ato litúrgico, de louvor a Deus infinitamente misericordioso.

A reconciliação do pecador – como disse Jesus – é festa no céu. Leia o final da parábola do filho pródigo (Lc 15,25-32). E esta palavra de Jesus: "Haverá mais alegria no céu por um só pecador que se converta do que por noventa e nove justos que não precisam de conversão" (Lc 15,7).

A Igreja tem, por isso, o Rito da Penitência como uma celebração litúrgica. E aconselha que, o mais possível, a confissão de vários penitentes se faça com uma celebração da Palavra de Deus. E diz: "A celebração em comum manifesta mais claramente a natureza eclesial do Sacramento".[16]

Há para isso um rito com leituras especiais sugeridas. E prescreve-se até uma homilia, em que deve ser lembrado:

---

[16] *Rito da Penitência*, n. 22, Ed. cit., p. 21.

a) a infinita misericórdia de Deus;

b) a necessidade da penitência interior;

c) o aspecto social da graça e do pecado;

d) o sentido da satisfação, que recebe sua força da satisfação do próprio Cristo.[17]

O aspecto de "celebração da misericórdia de Deus" na confissão foi esquecido por muito tempo na Igreja. E agora, pelo novo Rito da Penitência, essa celebração recebe notável relevo. E é por isso que se instituiu a "celebração comunitária da penitência", e até se pede que ela se faça, principalmente, no Advento e na Quaresma.

A "celebração comunitária", entretanto, não quer dizer "absolvição comunitária", de que se tem abusado em muitos lugares.

A "celebração comunitária" pode fazer-se sempre. A "absolvição comunitária", porém, só se pode dar, extraordinariamente, nas ocasiões e circunstâncias estabelecidas pelo Direito Canônico, cânones 960-964.

Esclareçamos isso mais pormenorizadamente.

---

[17] *Rito da Penitência*, n. 24 e 25, Ed. cit., p. 21-22.

CELEBRAÇÃO COMUNITÁRIA E ABSOLVIÇÃO COMUNITÁRIA

*N*ão são poucos os que se contentam com as chamadas "confissões comunitárias". Julgaram esta via mais fácil e enveredaram por ela. Por isso, é preciso esclarecer.

São duas coisas bem distintas, no **Rito da Penitência:** as "celebrações penitenciais" e as "absolvições gerais".

"Celebrações penitenciais" – diz o Rito da Penitência, no n. 36 – são reuniões do povo de Deus para ouvir a sua palavra que o convida à conversão e à renovação de vida, promulgando também nossa libertação do pecado pela morte e ressurreição de Cristo.

Depois dessa definição e de dizer como se realizam, o Rito da Penitência adverte no n. 37: "Deve-se cuidar que os fiéis não confundam estas celebrações com a celebração do sacramento da Penitência. Estas celebrações penitenciais, porém, são sumamente úteis para levar à conversão e purificação interior". O Rito chega a dizer, mais além, que mesmo "onde não houver nenhum sacerdote disponível para conceder a absolvição sacramental, são utilíssimas as celebrações penitenciais, por despertar nos fiéis uma contrição perfeita nascida da caridade..."

Portanto, não há por que confundir as "celebrações comunitárias da penitência", que se podem realizar até sem a presença do sacerdote para absolver, e as celebrações propriamente do sacramento da penitência, que se requer a confissão individual de cada penitente, com a acusação íntegra de todos os pecados graves, feita ao sacerdote, que dará a absolvição e imporá a penitência satisfatória.

Diz o mesmo Rito da Penitência no n. 31: "A íntegra confissão individual e a absolvição continuam sendo a única forma ordinária de reconciliação dos fiéis com Deus e a Igreja, a não ser que uma impossibilidade física ou moral dispense desta confissão. Pode suceder, com efeito, que circunstâncias particulares tornem lícito, e até necessário, conceder a absolvição geral a vários penitentes sem prévia confissão geral".

Quando e em que circunstâncias isso pode se dar? Responde o Rito da Penitência: "Isso ocorre, por exemplo, quando, em razão do número de penitentes, não houver confessores suficientes para ouvir como convém todas as confissões em tempo razoável, vendo-se os penitentes, sem culpa própria, obrigados a privar-se por mais tempo da graça sacramental ou da sagrada comunhão".

Assim sendo, a absolvição geral é, evidentemente, uma exceção, e nunca regra única que venha a abolir a confissão individual ou pessoal. Em todo o contexto aliás do Rito da Penitência se vê que o sacramento da penitência parte, fundamentalmente, de uma atitude **pessoal** indispensável do penitente. Essa atitude, que é o arrependimento e reconhecimento de suas faltas, só a pessoa individualmente pode tê-la. Ela não se pode dispensar mesmo quando a absolvição é dada em geral.

Com razão denuncia o Papa João Paulo II, em seu *Motu proprio* que vimos citando, que "se observa em certas regiões a tendência ao abandono da confissão pessoal, juntamente a um recurso abusivo à 'absolvição geral' ou 'coletiva', de modo que esta deixa de ser vista como meio extraordinário em situações totalmente excepcionais. Partindo de um alargamento arbitrário do requisito de *grave necessidade*, perde-se de vista praticamente a fidelidade à configuração divina do sacramento, e concretamente a necessidade da confissão individual, com graves danos para a vida espiritual dos fiéis e para a santidade da Igreja".

Mas não é só. O Rito da Penitência salienta em diversos lugares que é conteúdo imprescindível da Penitência a acusação das próprias faltas ou, ao menos, o propósito de fazê-lo oportunamente. Eis os textos.

"Do sacramento da Penitência faz parte a confissão das culpas que procede do verdadeiro conhecimento de si mesmo diante de Deus e da contrição dos pecados."[18] E a seguir: "No entanto, a confissão exige do penitente a vontade de abrir seu coração ao ministro de Deus; e, da parte deste, um julgamento espiritual pelo qual, agindo

---

[18] *Rito da Penitência*, n. 6b, Ed. cit., p. 15.

em nome de Cristo, pronuncia, em virtude do poder das chaves, a sentença da remissão ou da retenção dos pecados".[19] "Ao pecador, que manifesta sua conversão ao ministro da Igreja pela confissão sacramental, Deus concede o perdão mediante o sinal da absolvição sacramental, e assim se realiza o sacramento da Penitência."[20]

Todos esses tópicos, como se vê, insistem, sob formas várias, no dado essencial de que o sacramento que perdoa é confessional, isto é, constitui-se do ato de confessar os próprios erros, e não de confessá-los a Deus em oculto simplesmente, mas de confessá-los à Igreja através de seu ministro que recebeu o poder de perdoar.

Por isso mesmo, quando, por exceção e necessidade, se vai realizar uma absolvição geral, em comum, após uma celebração comunitária da penitência, os que dela participam devem estar cientes de que este ato não os dispensa da confissão, nem do arrependimento e propósito de emenda. Estes são exigidos pela própria natureza do ato, que é penitência, conversão, volta para Deus. E a confissão das faltas é exigida pela disciplina da Igreja, que é a dispensadora dos sacramentos. Ela exige esta confissão ao menos genericamente para a absolvição geral e determina-a especificamente para os pecados graves, na absolvição particular.

---

[19] Ib.
[20] *Rito da Penitência*, n. 6d, Ed. cit., p. 15.

Enfim, numa síntese que esclarece plenamente todas as dúvidas: "Aqueles que tiveram pecados graves perdoados pela absolvição em comum devem procurar a confissão auricular, antes de receber outra absolvição desse tipo, a não ser impedidos por justa causa. Em todo caso devem ir ao confessor dentro de um ano, se não for moralmente impossível. Pois também vigora para eles o preceito de que todo cristão deve confessar ao sacerdote, uma vez por ano, todos os pecados, isto é, as faltas graves, que não houver confessado individualmente" (Rito de Penitência, n. 34).

ADVERTÊNCIAS DO PAPA JOÃO PAULO II NO *MOTU PROPRIO* "A MISERICÓRDIA DE DEUS"

*L*endo atentamente o documento "A Misericórdia de Deus" sobre o Sacramento da Reconciliação, como repetidas vezes aquele Papa denominou o Sacramento da Penitência, percebe-se a séria inquietação do Santo Padre diante de abusos frequentes na administração desse sacramento indispensável à vida dos cristãos. E sente-se que ele queria o que ele chamou "um relançamento do Sacramento da Reconciliação".

Ele fala de um "direito de receber pessoalmente o dom sacramental" por parte dos fiéis, direito este que estaria sendo preterido, ou mesmo negado, pelos excessos de absolvição comunitária e pela falta de disponibilidade de não poucos sacerdotes ao atendimento de confissões.

Eis uma de suas advertências: "Com estas palavras, quis e quero encorajar e, ao mesmo tempo, dirigir um forte convite aos meus irmãos bispos – e, através deles, a todos os presbíteros – para um solícito relançamento do sacramento da Reconciliação, inclusive como exigência de autêntica caridade e de verdadeira justiça pastoral, lembrando-lhes que cada fiel, com as devidas disposições interiores, tem o direito de receber pessoalmente o dom sacramental".

A ansiedade do Pontífice em seu *Motu proprio* afirma-se em vários pontos salientes:

1º – Há um distanciamento ou falta de disponibilidade dos sacerdotes para o atendimento de confissões.

2º – Facilitaram-se, erroneamente, as "absolvições comunitárias", diferentemente do que dispõe o cânon 961.

3º – Interpretou-se erradamente a *grave necessidade* que justifica a "absolvição comunitária".

4º – Tolerou-se o costume da "confissão genérica" ou da "confissão simplesmente dos pecados mais significativos".

5º – A falta de disposições devidas de certos penitentes. Vejamos, por partes, esses pontos inquietantes.

Disponibilidade dos sacerdotes

Os presbíteros sabem que "em virtude do seu múnus e por causa da ordenação sacerdotal, o presbítero deverá dedicar tempo e energias a ouvir confissões dos fiéis, os quais, como a experiência demonstra, de boa vontade vão receber este sacramento onde houver sacerdotes disponíveis" (*Diretório para o ministério e a vida do presbítero*, n. 52). E o Papa exorta em seu *Motu proprio:* "Todos os sacerdotes, com faculdade de administrar o sacramento da Penitência, mostrem-se sempre plenamente dispostos a administrá-lo todas as vezes que os fiéis o peçam razoavelmente. A falta de disponibilidade para acolher as ovelhas feridas, para ir ao seu encontro e reconduzi-las ao aprisco seria um doloroso sinal de carência de sentimento pastoral em quem, pela Ordenação sacerdotal, deve reproduzir em si mesmo a imagem do Bom Pastor".

E, a seguir: "Os Ordinários do lugar, bem como os párocos e os reitores de igrejas e santuários, devem verificar periodicamente se existem efetivamente as maiores facilidades possíveis para as confissões dos fiéis. De modo particular, recomenda-se a presença visível dos confessores nos lugares de culto durante horários previstos, a acomodação desses horários à situação dos penitentes,e uma especial disponibilidade para confessar antes das missas e mesmo para ir de encontro à necessidade dos fiéis durante a celebração da Eucaristia, se houver outros sacerdotes disponíveis".

Facilitação de "absolvições comunitárias"

"Absolvição comunitária" é a que se dá a muitos penitentes, sem que eles confessem individualmente os pecados, pelos motivos e circunstâncias previstos no cânon 961 do Código do Direito Canônico. Já o Papa, na exortação *Reconciliatio et Poenitentia*, 2 de dezembro de 1984, tinha dito que tal absolvição "reveste-se de caráter excepcional", o que de novo repete no *Motu proprio Misericordia Dei*. Portanto, é gravíssimo erro (e creio que pode ser *gravíssimo pecado)* do Padre que a queira dar, fora das determinações canônicas, de modo *ordinário.*

A absolvição comunitária só pode ser dada, de acordo com o cânon 961, quando:

"1º haja iminente perigo de morte (por exemplo, em desastres, calamidades) e não haja tempo para que o sacerdote ou sacerdotes ouçam a confissão de cada um dos penitentes;

2º haja grave necessidade, isto é, quando por causa do número de penitentes, não há número suficiente de sacerdotes para ouvirem as confissões de cada um, dentro de um espaço de tempo razoável, de tal modo que os penitentes, sem culpa própria, seriam forçados a ficar muito tempo sem a graça sacramental ou sem a sagrada comunhão..."

Por não entendimento exato do que seja "grave necessidade" (que aqui se refere a lugares muito distantes, territórios de missão, onde são poucos os sacerdotes), em muitas paróquias e comunidades e em retiros e reuniões de maior número de pessoas, e até Páscoas, ou festas religiosas e grandes celebrações, como na Sexta-Feira Santa e em Jubileus, quiseram alguns entender que se podia dar absolvição comunitária. Foram "facilitações" que levaram muitas pessoas, incapacitadas por sua situação de receber sacramentos (divorciados, adúlteros, espíritas, amancebados), a receber, indignamente, a Eucaristia.

Interpretação errônea de "grave necessidade"

O cânon 961 já diz, no final do item 2º, que não se pode entender por "grave necessidade" o não ter confessores necessários "só pelo fato de grande concurso de penitentes, como pode acontecer numa grande festividade ou peregrinação".

E o Papa o repete no *Motu proprio:* "A propósito do caso de *grave necessidade*, especifica-se o seguinte:

a) Trata-se de situações objetivamente excepcionais, como as que se podem verificar nos territórios de missão ou em comunidades de fiéis isolados, onde o sacerdote só pode passar uma ou poucas vezes ao ano, ou quando as condições de guerra, meteorológicas ou outras circunstâncias semelhantes o consintam.

b) As duas condições estabelecidas no cânone para configurar uma grave necessidade são inseparáveis, de modo que nunca é suficiente a mera impossibilidade de confessar 'devidamente' cada um dos indivíduos 'dentro do tempo razoável' devido à escassez de sacerdotes; mas a tal impossibilidade deve associar-se o fato de que, caso contrário, os penitentes se veriam obrigados a permanecer 'durante muito tempo', sem culpa própria, privados da graça sacramental. Deve-se, por isso, ter presente o conjunto das circunstâncias dos penitentes e da diocese, quando se atende à sua organização pastoral e à possibilidade de acesso dos fiéis ao sacramento da Penitência.

c) A primeira condição – a impossibilidade de ouvir 'devidamente' as confissões 'dentro de um tempo razoável' – refere-se só ao tempo normalmente requerido para a essencial administração válida e digna do sacramento, não sendo relevante a este respeito um colóquio pastoral mais amplo, que pode ser adiado para circunstâncias mais favoráveis. Este tempo razoavelmente oportuno para nele se ouvir as confissões dependerá das possibilidades reais do confessor ou confessores e dos mesmos penitentes.

d) Quanto à segunda condição, caberá avaliar com juízo prudencial qual seja a extensão do tempo de privação da graça sacramental, a fim de que haja verdadeira impossibilidade conforme o cân. 960, sempre que não se esteja perante iminente perigo de morte. Tal juízo não é prudencial, se se desvirtua o sentido da impossibilidade física ou moral como no caso, por exemplo, de considerar que um período inferior a um mês implicaria permanecer 'durante muito tempo' em tal privação.

e) Não é admissível criar ou permitir que se criem situações de aparente *grave necessidade*, derivadas da omissão da administração ordinária do sacramento pelo não cumprimento das normas acima indicadas e, muito menos, da opção dos penitentes pela absolvição geral, como se se tratasse de uma possibilidade normal e equivalente às duas formas ordinárias descritas no Ritual.

f) Não constitui suficiente necessidade a mera grande afluência de penitentes, não só em ocasiões de uma festa solene ou de uma peregrinação, mas nem mesmo por turismo ou outras razões semelhantes devidas à crescente mobilidade das pessoas".

Assim ensinou, oficialmente, o Papa, e não se pode dar outra interpretação ao que seja a "grave necessidade" para se dar uma absolvição geral comunitária.

Confissão "genérica" ou "simplesmente dos pecados mais significativos"

A esse propósito, eis o que diz o Papa em seu *Motu proprio:* "Visto que 'o fiel tem obrigação de confessar, na sua espécie e número, todos os pecados graves de que se lembrar após diligente exame de consciência, cometidos depois do batismo e ainda não diretamente perdoados pelo poder das chaves da Igreja nem acusados em confissão individual', seja reprovado qualquer costume que limite a confissão a uma acusação genérica ou somente de um ou mais pecados considerados significativos. Por outro lado, levando-se em conta o chamado de todos os fiéis à santidade, recomenda-se-lhes que confessem também os pecados veniais".

Falta de disposições devidas em certos penitentes

Extraímos ainda do *Motu proprio:* "Quanto às disposições pessoais do penitente, reitera-se que:

a) "Para o fiel poder usufruir validamente da absolvição concedida simultaneamente a várias pessoas, requere-se não só que esteja devidamente disposto, mas que simultaneamente proponha confessar-se individualmente, no devido tempo, dos pecados graves que no momento não pôde confessar.

b) Na medida do possível, inclusive no caso de iminente perigo de morte, "instruam-se (os fiéis) a que procure cada um fazer o ato de contrição".

c) É claro que não podem receber validamente a absolvição os penitentes que vivam em estado habitual de pecado grave e não queiram mudar a própria situação.

d) Mantendo-se a obrigação "de confessar fielmente os pecados graves, ao menos uma vez ao ano", "aquele a quem forem perdoados pecados graves em absolvição geral aproxime-se quanto antes, oferecendo-se a ocasião, da confissão individual, antes de receber nova absolvição geral, a não ser que surja causa justa".

Uma última observação

"Não cabe ao confessor julgar se se verificam as condições requeridas pelo cân. 961, 1, 2 (para dar a absolvição comunitária), mas "ao bispo diocesano, o qual, atendendo a critérios fixados por acordo com os restantes membros da Conferência Episcopal, pode determinar os casos em que verifique tal necessidade. Estes critérios pastorais deverão ser expressão do esforço de total fidelidade, nas circunstâncias dos respectivos territórios, aos critérios de fundo definidos pela disciplina universal da Igreja, que se apoiam aliás nas exigências derivadas do mesmo Sacramento da Penitência na sua divina instituição."

A todas as advertências do Papa, contidas no *Motu proprio Misericordia Dei*, é imprescindível dispensar a devida atenção e obediência, ou nossa pastoral, que deve visar a **conversão** e a **reconciliação** dos fiéis, deixa de ter qualquer sentido cristão e eclesial.

O PAPA RESPONDE
ÀS DÚVIDAS SOBRE A CONFISSÃO

O Papa João Paulo II, numa entrevista publicada pelo jornal *L'Osservatore Romano,* de 10 de abril de 1983, responde às principais perguntas que se costuma fazer sobre a confissão. Ei-las aqui.

Ouve-se dizer que quem cometeu pecado mortal pode ir à Comunhão sem se confessar, bastando-lhe fazer antes o ato de contrição. Está certo? Que diz Vossa Santidade?

– "Tende presente que ainda está e estará sempre em vigor na Igreja o ensinamento do Concílio de Trento acerca da necessidade da Confissão completa dos pecados mortais. Está e estará sempre em vigor na Igreja a norma inculcada por São Paulo e pelo próprio Concílio de Trento, em virtude da qual, para a recepção digna da Eucaristia, se deve recorrer primeiro à confissão dos pecados, sempre que se tiver consciência de pecado mortal" (À Sagrada Penitenciaria Apostólica, 30.1.1981).

Há quem afirme que a Eucaristia perdoa os pecados mortais. Será verdade?

– "Não é compatível com o Magistério da Igreja a teoria segundo a qual a Eucaristia perdoa o pecado mortal sem que o pecador recorra ao Sacramento da Penitência" (Aos Bispos dos Abruzos e Molise, 4.12.1981).

Pratica-se em muitas partes a absolvição coletiva, sem a confissão individual dos próprios pecados. Estará bem?

– "Há dois aspectos concretos da disciplina sacramental que são dignos de particular atenção por parte da Igreja universal, e desejo agora referir-me a eles para ajudar os Bispos do mundo inteiro... Estes dois temas são a prática da primeira confissão antes da primeira comunhão e a questão da absolvição coletiva...

Paulo VI afirmou o caráter 'absolutamente excepcional' da absolvição coletiva. Ao mesmo tempo pediu aos bispos que ajudem os sacerdotes a 'apreciar cada vez mais este maravilhoso ministério sacerdotal da confissão... Podem ver-se obrigados a adiar ou mesmo a deixar outras atividades por falta de tempo, mas nunca o ministério da confissão'" (Aos Bispos canadianos, 17.11.1978).

Quando é permitida a absolvição coletiva?

– "A Igreja, por graves razões pastorais e por normas precisas e indispensáveis, para facilitar o bem supremo da graça a muitas almas, ampliou o uso da absolvição coletiva. Mas quero recordar a escrupulosa observância das condições citadas e reafirmar que, em caso de pecado mortal, também depois da absolvição coletiva, continua a obrigação da acusação específica sacramental do pecado" (À Sagrada Penitenciaria Apostólica, 30.1.1981).

Há anos disse-se que as crianças podiam fazer a Primeira Comunhão sem antes se confessar. Poder-se-á manter essa doutrina?

– "Depois de terem sido levadas a cabo algumas experiências iniciais, Paulo VI, em 1973, corroborou a disciplina da Igreja Latina no que se refere à confissão...

Com respeito às crianças que atingiram o uso da razão, a Igreja compraz-se em garantir o valor pastoral de que elas tenham a experiência da expressão sacramental da conversão antes de serem iniciadas na participação eucarística" (Aos Bispos canadianos, 17.11.1978).

"Preparando as crianças para a Primeira Comunhão... formamos nelas a sensibilidade de consciência quando a preparação da Primeira Comunhão é acompanhada pelo exame de consciência, pelo arrependimento dos pecados e pelo Sacramento da Penitência" (Alocução dominical, 13.5.1979).

Antigamente havia muitas confissões e menos comunhões. Agora é o contrário. Estará certo?

– "Juntamente comigo, certamente reconhecereis, com dolorosa preocupação, que a recepção pessoal do

Sacramento da Penitência diminuiu fortemente durante os últimos anos. De todo o coração vos rogo e exorto a fazer o possível para que todos os batizados retomem a prática frequente do Sacramento da Penitência através da confissão pessoal" (Fulda, 17.11.1980).

Se não há pecado mortal, não temos necessidade de nos confessar. Para que tanta confissão?

– "Em nome do Senhor Jesus e em união com toda a Igreja confirmamos todos os nossos sacerdotes na grande eficácia sobrenatural do ministério perseverante que se exerce através da confissão auricular... Uma vez mais instruamos o nosso povo sobre os grandes benefícios da confissão frequente. Estou plenamente convencido de que, como afirmou o meu predecessor Pio XII, 'esta prática foi introduzida na Igreja não sem a inspiração do Espírito Santo'" (Aos Bispos canadianos, 17.11.1978).

PARA VOCÊ FAZER UMA BOA CONFISSÃO

Primeiro: coloque-se diante de um crucifixo, ou diante do Sacrário, e reze um pouco. Pense na misericórdia de Deus, que quis morrer para que nossos pecados fossem perdoados. Agradeça-lhe este dom. Diga a Cristo que deseja fazer uma boa confissão.

Segundo: Veja o que pesa em sua consciência e o confesse logo a Cristo, antes de confessá-lo ao Padre.

Terceiro: Você poderia fazer-se as seguintes perguntas:

Qual o maior pecado que acho ter cometido? Já acusei este pecado? E, agora, quais outros pecados tenho cometido? Faltei à Missa? Adulterei? Pratiquei atos imorais? Cometi injustiças? Pago, como devo, aos que trabalham para mim? Prejudiquei outras pessoas? Difamei os outros? Injuriei? Guardei ódio? Estou disposto a perdoar para ser perdoado?

Como trato minha esposa? Meus filhos? Meus companheiros de serviço? Meus colegas de escola ou de brinquedo?

Tenho tido conversas imorais? Tenho olhado revistas ou filmes pornográficos? Tenho, por isso, praticado ações indignas? Como tenho tratado pessoas no meu relacionamento mais íntimo? A namorada ou noiva? A esposa? A empregada? Crianças?

Tenho rezado? Tenho praticado espiritismo? Umbanda? Critiquei minha Igreja? Neguei meus serviços e esmolas?

Faça-se outras perguntas capazes de levá-lo a encontrar suas culpas diante de Deus.

Em quarto lugar: Você deve pedir perdão ao Senhor; deve dizer-lhe que se entristece por ter errado; que se propõe corrigir e lutar contra o mal.

Em quinto lugar: Ponha sua confiança na misericórdia de Cristo, nosso Senhor; não se deixe levar por complexo de culpa somente, mas forme-se sobretudo a consciência de ter rompido sua aliança com Deus e diga-lhe que deseja refazer essa aliança através da Igreja, representada pelo sacerdote.

Sexto: Vá ao Padre, diga-lhe os pecados com simplicidade, a começar dos mais pesados. O Padre o ajudará, se preciso, com perguntas. Seja sincero, leal diante de Deus e de seu representante.

Sétimo: o Padre vai lhe impor uma penitência. Cumpra-a o quanto antes.

Oitavo: Agradeça a Deus sua reconciliação com a Igreja, prometa-lhe de novo ser bom cristão, melhorar cada dia. Implore, pela intercessão de Maria, o auxílio, a graça do Espírito Santo, para perseverar fiel no estado de graça.

VOCÊ DEVE PROCURAR CONFESSAR-SE TANTAS VEZES QUANTAS SENTIR QUE ROMPEU SUA ALIANÇA COM DEUS, OU AO MENOS UMA VEZ CADA ANO.

ÍNDICE

Apresentação 3
Somos Igreja Santa e Pecadora 4
Muitas pessoas não entendem o pecado 8
O "pecado" e os "pecados" 11
Deus quer a nossa constante conversão 14
"Ninguém pode perdoar pecados, senão Deus" 16
O homem se acusa, Deus o escusa... 20
Não basta confessar-se,
    é preciso arrepender-se e reparar o mal 23
A confissão é uma celebração
    da Divina Misericórdia 27
Celebração comunitária
    e absolvição comunitária 29
Advertências do Papa João Paulo II
    no *motu proprio* "A misericórdia de Deus" 34
O Papa responde às dúvidas sobre a confissão 42
Para você fazer uma boa confissão 46